AF599385

UN BOSQUE ADENTRO MÍO

PEDRO FERRERÍA ITHURALDE

Aliarediciones

© Pedro Ferrería Ithuralde
© Un bosque adentro mío
© ALIAR 2015 Ediciones S.L.

Corrección: Eladia Guerrero
Diseño de cubierta: Aliar Ediciones
Maquetación: Aliar Ediciones
Ilustraciones: Pilar Lita

Depósito Legal: 979-13-87823-82-5
ISBN: GR 1331-2025

Impreso en España

Edita
ALIAR Ediciones
www.aliarediciones.es
info@aliarediciones.es

La reproducción total o parcial de este libro, por cualquier medio, no autorizada por los autores y editores, viola los derechos reservados y las leyes sobre la propiedad intelectual.
Cualquier utilización debe ser previamente autorizada.

UN BOSQUE ADENTRO MÍO

PEDRO FERRERÍA ITHURALDE

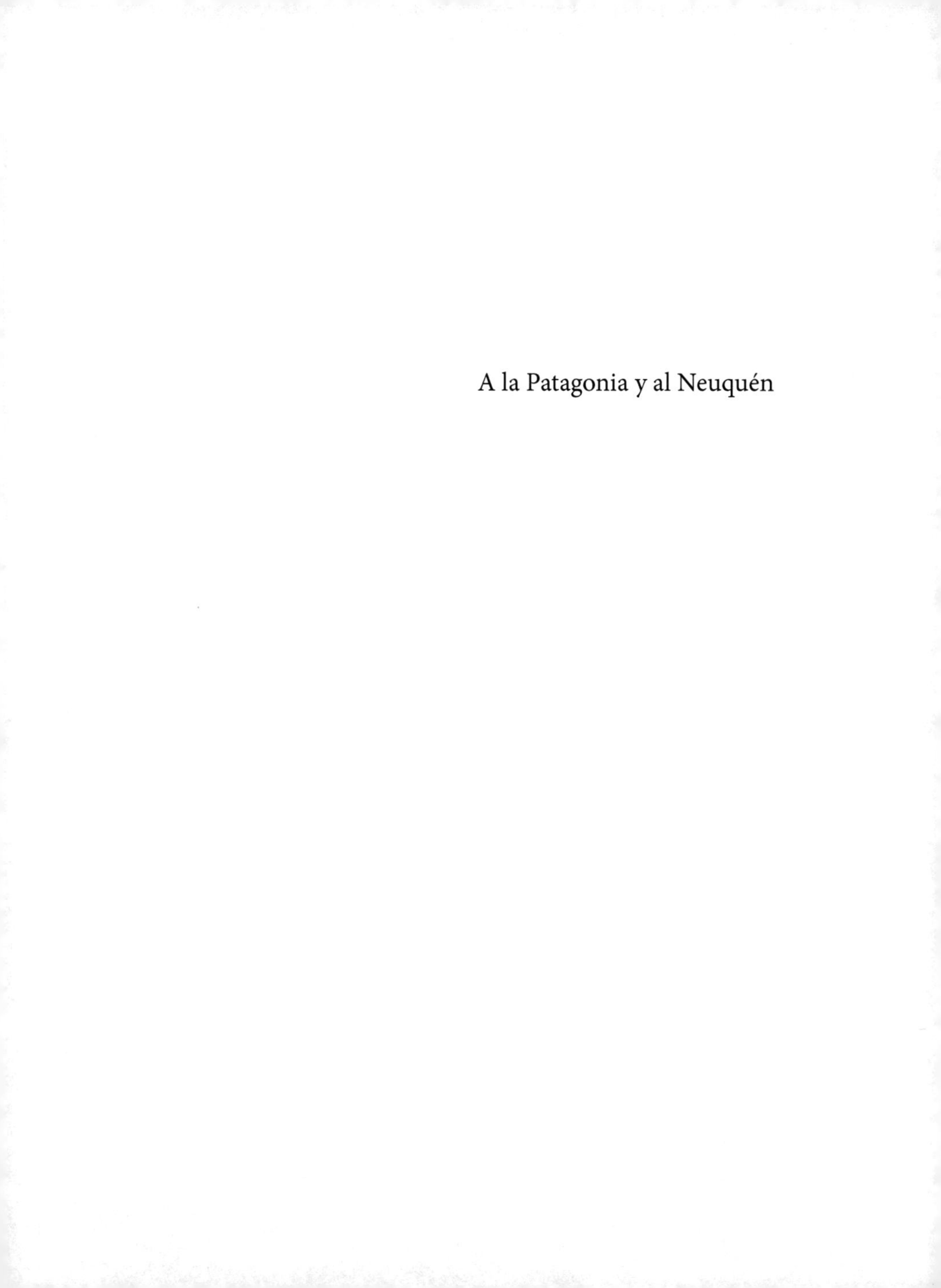

A la Patagonia y al Neuquén

Primeros pasos

Antes de invitarte a compartir esta selección de poemas, aunque apenas esté nublado, quiero abrir el paraguas. Esto que sigue a continuación es la base de una montaña que recién empiezo a subir.

Mucho de lo que sucederá acá quisiera agradecérselo a Meli Correa, poeta, maestra de mi primer taller de poesía y gran inspiración para sumergirme en este mundo nuevo.

También quiero mostrarle mi agradecimiento a Pili, porque además de compañera y compañía fue quien me terminó de incentivar para que esto se materialice. Deseo con ganas que sea el primero de otros.

Quiero hacer mención especial a dos amigas presentes en este momento de mi vida que dejaron su huella en este libro: Pilar Lita con la paciencia para escuchar lo que me gusta y transformarlo en su maravilloso arte; Antonelli con su amoroso prólogo y su acompañamiento cotidiano en el universo literario.

La idea de unificar todos estos poemas en un mismo elemento tiene que ver con la necesidad de cerrar una ventana y abrir otra, como para renovar el aire. Es ponerle una pausa a cada estrofa de cada poema para que sigan volando por ahí, no en mí.

Prólogo

El bosque, según Mary Oliver, es un lugar de refugio, sanación y conexión profunda con la naturaleza.

Un bosque adentro mío es un gesto para honrar la vida. Nos relata a través de imágenes lo que se siente el desplazarse de sitio, al mudarse y cambiar de territorio.

¿Quiénes éramos en el territorio del que venimos? ¿Es el mismo en el que nacimos? ¿Quiénes somos ahora? En esta tierra, este suelo que nos sostiene y nos exige la búsqueda de una nueva identidad, sucede una suerte de mutación.

Pedro nos invita a su tierra natal, la Patagonia argentina, y a su tierra actual: la playa mediterránea de Barcelona. Las palabras van formando pequeños montículos que lentamente se convierten en montañas. Y los silencios, en valles.

En este poemario patagónico descubrimos la melancolía de un pisciano neuquino que se encuentra a trece mil kilómetros de sus sobrinos al momento en el que nacen y mientras crecen. La nostalgia de los mates que no se tomará con su familia, pero sí con nuevos amigos. Los recuerdos de los últimos abrazos.

Migrando y amalgamándose con los entornos, Pedro mirará el mundo con un optimismo amarillo: cada día al despertar verá desde la ventana de su cuarto cómo los limones iluminan su terraza.

Leyendo *Un bosque adentro mío* no encontrarán respuestas, pero sí reflexiones de quiénes fuimos, somos y quiénes quisiéramos ser. Reflexiones sobre cómo nos cambian las tierras que habitamos.

Antonella Themtham Ferretti

-Primera parte-

UN BOSQUE ADENTRO MÍO

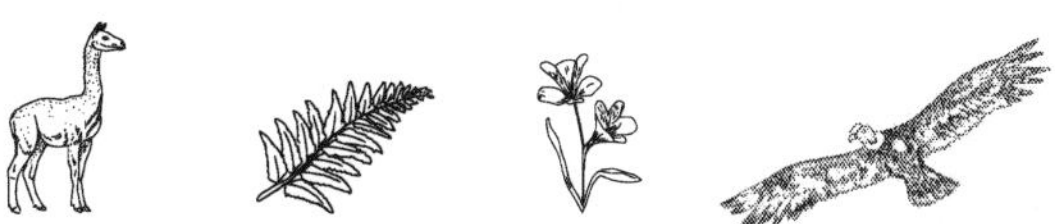

ME VAN A TENER QUE DISCULPAR

pero vengo a decirles algo,
perdón que no hable su idioma,
pero antes de callarme
permítanme un instante.
No censuren mis palabras por más ajenas que les suenen,
no dejen que la ignorancia les amenace el orgullo,
escuchen este ratito que después me voy como vine, silbando bajito.
Abran oídos, no escatimen,
abracen lo diferente, aunque sea por esta noche,
no le teman a ser robados, no me llevaré más que lo suficiente.
No me callen, ni me ignoren,
no estoy acá por distinto,
más bien porque amo el canto de las palabras,
escucharlas bailando sobre un piso de madera,
como lluvia en techo de chapa.
Yo sé que esta noche una sola lengua tiene que expresarse,
y sé también que soy ajeno,
que no importan mis cejas ni mis apellidos,
ni siquiera documentos, salvo los extranjeros,
que nadie espera nada de mí, y quisieran que me baje.
Me van a tener que disculpar por interrumpir tan lindo momento,
intentaré ser breve. Al menos, a partir de ahora.
Tengo un grito atravesado, de auxilio, de abrazo ahogado,
tengo un llanto en la garganta que pide ser cantado,
cien lágrimas en los ojos a punto de convertirse en mocos,
tengo la lengua quemada y me duelen los hombros,
necesito salir de acá y volver adentro mío.

UN MUNDO NUEVO

Poetas de la vida y de la muerte:
soy nuevo en este, su mundo.
Como subido a una montaña
observo el despliegue de sus alas de cóndor.
He notado que acá, en su mundo,
lo real se vuelve difuso,
mas la verdad puede ser narrada.
He notado también que la injusticia pierde su corteza
y las penas se parecen más a la flor
que a la hoja disecada.
Entrar en este, su mundo,
es como tirarle agua caliente al vidrio escarchado
que esconde un bosque blanco.
Como sumergirme lentamente en el mar traslúcido.
Es ser minúsculo e insignificante, pero ser.
Quiero quedarme,
tanto como un niño en el parque,
con más imaginación que dinero.
Gracias por rasgar tormentas en las primaveras más tiernas,
por hacer de las palabras una tarde de lluvia con mate y torta frita.
Gracias por desnudarse sin pudor,
por ir más allá y arrancarse la piel e incluso
por entregar su vida.

BOLSILLOS

En un bolsillo hay monedas
en otro un pañuelo con mocos disecados
en otro comprobantes de compras
que perduraron en el tiempo.

En un bolsillo hay caramelos
en otro hay ganas de comprarlos
en otros no hay nada.

En un bolsillo hay una necesidad
en otro una esperanza de que esta vez sale o sale
en otros agujeros deshilachados.

En un bolsillo hay un monstruo raro y peludo
compañero, amigo
y en ningún otro bolsillo hay uno igual.

En un bolsillo hay una mano
y en el otro la otra.
¿Esperando que pase algo?
¿O simplemente escapando del frío?

UN INSTANTE

Un instante acá
otro instante allá.
Dos a la misma vez.
Se conectan sin saber,
como lo real y la ficción.
Mi cuerpo imprime una cosa
la imaginación exprime la otra
y suceden vibrantes uno tras otro.
Paseo en el mercado, poca gente hoy.
Camilo desayuna cantando en susurros
porque Vicente duerme siesta de las 11.30.
Un señor lava los platos de la noche anterior,
una chica de sombrero abre una lata de cerveza.
Fidel duerme porque es sábado y afuera hace frío,
su hermano Gaspar va por la segunda ronda de leche.
Una señora canosa nada siguiendo la línea de las boyas.
Mi viejo pela las papas para hornearlas en forma de cubos.
Pilar y su guitarra me recuerdan que disfruto compartir la vida,
dos compañeros dibujan el entorno en sus cuadernos espiralados,
otra señora pedalea su bici con hombros levantados hasta sus orejas.
La pareja de verduleros guarda el sobrante tirando a la basura lo viejo.
Sus labios pegados y su «no» de cabeza reflejan poca gente en el mercado.

EN VIAJE

La inestabilidad del viajante
me lleva a rincones nuevos
cada vez que la curiosidad agota
sus ansias de descubrir.

Algunos lugares mueren
como arbusto en la sequía
o simplemente son olvidados
como un paraguas cuando sale el sol.

Algunos lugares persisten
por alguna simpleza inolvidable
por una herida cicatrizada
por capricho de la memoria.

Lugares sedentarios ven crecer semillas
desparramadas por un encuentro.
Semillas que pueden disecarse
si el compartir no las riega.

Lugares invisibles se visten
cuando alguien los habita.

Si no los conozco,
no puedo recordarlos.

Pero si alguien que me hace sonreír vive ahí
puedo visualizarlos.

Hay lugares donde me quieren
lugares donde me detestan
lugares que ni me recuerdan
lugares que me esperan.

De todos hay uno solo
donde puedo volver cuando quiera
incluso aunque esté muy lejos.
Simplemente cerrando los ojos.

IRSE

Poner en pausa todo
con ingenua esperanza
de que nada cambie.

Que las plantas conserven su tamaño,
la parrilla tenga la misma ceniza,
la manguera azul enrollada en la esquina.
Que el bosque no cambie su altura,
la montaña tenga ese contorno.
Las ventanas de la cocina
con sus telarañas,
la alfombra del baño
y la pasta de dientes
tal cual las dejé.

De pronto, volver,
reencontrarme
a pesar de la distancia.
El jabón intacto,
la alacena con sus latas,
yerba, cacao, pan rallado, café.
La mesa de luz de color polvo.

Esos ratitos de poner a girar todo nuevamente
con más canas, nuevas arrugas
y más pelada.

Pero conservando aquella ingenua sensación
de que nada cambió, ni cambiará,
al menos no en la casa de la infancia.

¿NADA CAMBIA?

La casa de mi infancia
es un viaje en el tiempo
en el que disfruto
fingiendo demencia.
Todo siempre está igual.
Excepto por ese roble pellín
en la ventana de mi habitación.
En la infancia tenía forma de dragón,
capricho del tiempo mediante,
ahora es un pájaro carpintero con arco y flecha.

Anoche me abrazó el insomnio

imaginando mil formas de encontrarme con una tempestad,

todas tenían tus ojos

JORNADA LABORAL

Un guante de lana por el suelo helado,
el otro, una vez más, revoleado y perdido.
Un mate listo espera en calma que moje su yerba.
Tostada impaciente a-medio-comer derrite la manteca.
Medias de ayer aunque inoloras cuelgan secas del zapato.
La banana separada del racimo pide a gritos no-me-olvides.
Dolores musculares punzantes, viejos-conocidos y novedosos
como ese punto en la cabeza, retuerce la nuca desde las cervicales.
La boina que cuelga del perchero recuerda todos los días al País Vasco.
El guante perdido bajo el almohadón marrón del sillón verde listo para salir.
El itinerario empieza nocturno pero se va clareando mientras más trepo.
Café de medio tiempo despabila mas lo tengo que endulzar por feo.
El invierno que se hizo esperar arrasa ventoso consigo mismo.
La nieve infalible no nos deja sospechar ni abrir los ojos.
La rutina insensata se instala irrespetuosamente, pero
niño sonrisa plateada rompe todos los pronósticos.
Incrusta la valla-marilla en las ruedas del coche
mis manos de sangre congelada lo ayudan.
Bolsa de agua caliente, fin de la jornada.

EL INSOMNIO

De niño fui amigo de un insomnio inofensivo.
Cuando lo sentía cerca, giraba mi cuerpo,
pies a la cabeza y viceversa,
me hacía invisible, dormía.
Hoy creció, no me busca para jugar.
Cada noche lo mismo,
quiero cerrarle la puerta en la cara
leyendo libros, historietas,
mirando alguna pantalla,
que los párpados caigan triunfantes,
los brazos languidezcan
y la cabeza termine de hundirse.
Pero insomnio perverso penetra,
me hace creer que voy a dormir.
Atormenta mis oídos con pensamientos,
con bocinas, sirenas, voces nocturnas, grillos.
Y lo peor que le puede pasar a un ser humano:
las agujas del reloj.
—Chic, chic, chic, chic—.
Resurge el alba,
se consuma mi derrota.

Por si fuera poco,

se hirvió el agua para el mate

DES-INSOMNIO

Por el contrario,
Hay días en los que la tarea
está hecha.
Queremos seguir durmiendo
pero el cerebro pone un fin.
Llega el glorioso momento
de bajar el telón y abrir los ojos.

Los labios están relajados
las piernas contentas
la mente comienza una hoja nueva.

Cada parte que compone el cuerpo
quiere seguir en la cama simplemente
porque no hay otra cosa que hacer.

Pero como la tarea está hecha,
y créanme que lo está,
habrá que hacer un mate,
y nada más.
Porque anoche,
anoche se durmió.

EVOCACIÓN DE LA PATAGONIA

Patagonia,
te respiro en cada roble que cruzo
en estas montañas que me esculpen día a día.
Inhalo con ganas de estar ahí
pero exhalo sabiendo que existís.
Me remonto a mi rincón preferido
de todo tu esplendor,
mientras tu presencia en mí sea con sonrisa
nada evitará nuestro encuentro.
Si emerge lo contrario,
voy a verte de verdad,
lo prometo.

MONTAÑA

Encontré una nueva forma de abrazarte,
de sentirte.
Vos me sostenés, yo subo.
Me aferro,
no te quiero soltar nunca más.
Aunque mis brazos me digan basta,
quiero seguir porque te quiero.
Confío en vos, en que no me vas a dejar caer,
y si así fuera,
alguien abajo me sostiene y me anima a seguir.
Miro alrededor,
cielo, aves,
puntas y contornos de montañas, como vos.
Veo gente subiendo, como yo,
dejando huellas y pedazos de piel,
dejando suspiros y emociones.
Gracias, montaña,
por permitirnos jugar,
por sostenernos
en cada punta del dedo gordo,
en cada palma de mano-tiza.
En cada miedo que recorre nuestras venas.
En cada corriente que desata entusiasmo
y alegría por treparte,
hasta arriba, la mitad o
hasta donde el cuerpo diga basta.

Ahí, habrá un mate esperando,
abajo, siempre.
Porque siempre que subamos habrá que bajar.

LA DISTANCIA

Pasan los días, seguís sin llamar,
siguen sin verte, sin saber de vos.
La distancia se agranda,
haciendo lugar a la memoria.
Si no construimos algo nuevo,
lo que nos queda por caminar es el recuerdo.

La cordillera de los Andes es rencorosa.

En apenas veinte kilómetros te condena a la estepa

decorada solo con alambre y pelo de guanaco.

Si tenés suerte de verlos, claro.

ESTEPA PATAGÓNICA

Acá el desierto no es de arena,
acá las vacas tienen pasto, aunque amarillo.
Hay ovejas peladas
caballos salvajes arreados por motos.
Acá la Patagonia no es verde como en casa,
pero es Patagonia.
Acá en la estepa hay miles de aves distintas.
Hay bandurrias y teros,
igual que en mi casa,
y chimangos también hay.
Pero hay muchas que están acá y en mi casa no,
muchas que eligen estos ecosistemas,
los de la estepa,
para migrar y hacer temporada.
Acá, que es Patagonia pero no es mi casa,
hay lengas, ñires y coihues, como en mi casa.
No hay robles pero todo es autóctono, original y patagónico.
Acá en la estepa,
casi al nivel del mar,
hay otra cosa que en mi casa no.
Acá cerquita pero bien escondido
atrás de la curva más grande y pronunciada,
hay un gigante.
Que ruge y rasguña,
que abraza y encandila,
que camina lento y hacia atrás

como ola que vuelve al mar después de besar algún pie.
Un grande entre grandes,
puntiagudo y roto.
Lleno de grietas irrecuperables
que se abren a la luz para encontrar oscuridad.
Acá en la estepa hay un glaciar
que esperó una vida entera para abrazarme,
para decirme que no fue magia,
que los sueños se proponen y se cumplen,
o por lo menos se intentan
y que la luna llena,
con su cabrita,
es linda como los choiques,
que son ñandúes
pero de la Patagonia.

ESTEPA PATAGÓNICA II

La estepa no concede un centímetro.
Avanza a galope tendido y arrasa.
Convierte el hielo en polvo
y lo hace volar hasta tu nariz.
¿Probaste respirar profundo en Patagonia?
¿En invierno?
La danza de los pastos es constante y alegre.
La de los árboles es más torpe,
la elegancia la guardan para otoño.
El viento que penetra en una casa,
por cualquier abertura que se te ocurra,
mete miedo en el corazón que no quiere dormir
y te abre como pupilas en la oscuridad.
El cóndor planea igual,
porque sabe de qué se trata,
y el carpintero,
tan elegante con su sombrero rojo,
se queda quieto con el sacudón,
pero sigue martillando haciendo la tarde más bella.
Los ñires, el lago y el glaciar
un escenario perfecto para ver el espectáculo:
la Patagonia está activa,
la estepa sigue soplando
y yo, que me quiero despedir,
voy a dejar un pedazo mío acá,

porque hoy no se me ocurre un lugar mejor,
al menos hasta mañana,
que vuelvo a casa.

BOSQUE AJENO

Subiendo la montaña, rodeado de árboles,
me invadió una angustia repentina, inesperada.
De esas que te inundan los párpados.
Mi mente se alejó del cuerpo
como el ave que abandona el nido en una nueva aventura.
Mi mente creyó estar en los bosques de la Patagonia,
en mi rincón del sur.
Hasta que un caminante me saludó en un dialecto diferente al mío.
Cuando comprendí que estaba en otro país sucedieron las lágrimas.
Quizás por saberme lejos
o por el fin de la fantasía disociativa.
Quizás por comprender la simpleza del aquí, ahora.
Arriba me esperaba la montaña
despatarrada por todos lados
llena de colores lagartija.
Acá me quedo para siempre porque hasta acá llegué.
Quedan las palabras para recordar-me
este día y los que vendrán.

UN BOSQUE

Subo a la cumbre del cerro, la que veo desde pequeño
por la ventana de mi pieza.
Ensayo mi ausencia.
El pueblo sigue girando.
Nadie sabe que me fui
pero mi luna quiere saber si alguien me extraña.

Con una sonrisa indomable
me quedo dormido
abrigado por ese último ratito
de calor primaveral.

Llega un gran pájaro,
hace cumbre desde el aire
y camina alrededor de las piedras.
Yo busco la soledad del aire, él, su comida.

Un encuentro cara-cara,
casi sin testigos.
Solamente lagartijas lisérgicas
que juegan ignorándonos
a perseguirse
y esconderse
entre las rocas apenas calientes.

Habitamos la misma cumbre,
la compartimos.
Él también tiene boina negra.
Simulamos ignorarnos
pero cuidamos el movimiento ajeno
de reojo.

Repentinamente
el viento manda a callar al silencio.
La cumbre ya no está quieta,
las barbas del viejo ahora bailan.
Los robles se sacuden el polvo, me llaman.
Y yo que me disperso fácil,
vuelvo rápido la cabeza para custodiar mi sector de la cumbre,
pero el gran pájaro desapareció.

¿Estará agazapado?
¿Habrá volado?

Sin saberlo dejó un vacío.
Como cuando armamos la valija
preparando largas ausencias.

Su desaparición
me hace sentir solo.
Mi cuaderno de notas
se convierte en mi única compañía.
Atrás, un bosque chiquito

de cascarudos piel brillante,
hormigas desaforadas,
ramitas secas ocultando la tierra.
Pastos y plantitas
temblando de frío
como mi mano derecha,
ahora en sombra.

Atrás de ese bosque chiquito,
un bosque gigante.
Vestido de verde nuevo.
Feliz por esas lluvias
del invierno más largo en años.

Mi cerebro que aún sonríe
se pone a calcular:
no sabemos dónde empieza un bosque
pero sí dónde termina.

Este, por ejemplo:

Baja de la cordillera galopando, furioso.
Viene hasta acá guiado por el viento.
Cubre todo el cordón montañoso
con un manto de robles enorme,
lo protege del guía viento.
Y sigue galope abajo
hasta el valle estirado,
se asoma al río, se hidrata,
sigue, llevando árboles a todo.
Ahí va, hasta las últimas cumbres,
las chiquitas, las que añoran lo verde
y vigilan el desierto, sol de los arenales.

El mismo desierto que te hace olvidar la cordillera.

Vuelve a su casa el gran pájaro,
a la cumbre que habito.
Me pregunta si me quedo
—Una parte, seguro,
la otra, no lo sé.
Me hace sentir convidado
con un gesto que involucra cabeza gacha y alas abiertas.
Pienso en la idea de ser parte prolongada del bosque
en vez de un visitante esporádico.

Como la rama que cae,
con el tiempo se fundirá con la tierra.
Crearán vida nueva,

sin raíz, pero duradera.
Como el viento,
las aves, los insectos,
las hojas, los hongos,
el musgo, las barbas que flamean.

El sol que me abriga
quiere irse.
—Un ratito más.
Suplico como niño.
—Es mi despedida.
Agrego entre lágrimas.

Inevitable

Como el vuelo del gran pájaro
como el bosque que se deshace en desierto
como el árbol viejo que muere de pie.

Inevitable

Como el cigarro inocente
que sin quererlo prende una hoja seca
que contagia una rama
y a otra, y a otra,
y todas juntas
arden un árbol, verde, amarillo, rojo.

Rojo,
en tres segundos
el bosque entero puede pasar de rojo furioso a negro carbón,
por negligencia, evitable
o por gula inmobiliaria.

Vuelvo la mirada a mi escena, la cumbre.
Saludo al gran pájaro y
desciendo, ya es hora.
El cuaderno de notas sigue vacío.
Me iré del bosque
no sé hasta cuándo.
La despedida es inminente
y empieza a doler.

Todo lo seco

en otoño es color.

Mejor esperar

ABRAZOS

Abrazar, siempre
Para decir-te quiero
mientras te aprieto
o que no me importás,
si te abrazo despegado.
Para dejar en claro que queremos más,
que un simple abrazo es poco
pero nos conformamos con eso,
porque sí, porque podemos elegir,
porque al deseo no se le pueden dar
todos los gustos.
Abrazar para recordar el momento,
para recuperar tiempo perdido ,
para decirte que te extraño cuando no te veo.
Para decirte que fue hermoso verte otra vez
y que guardes las lágrimas que caen en tu hombro
porque no sé cuándo volveremos a vernos de nuevo
para abrazarnos fuerte sin ganas de soltarnos.

SENSACIONES DE OTRO DOMINGO QUE SE VA

Hace tiempo que no toco el suelo
flotando como globo que escapó de una mano distraída.
Vientos fuertes me sacuden,
me cambian el rumbo pero siempre en el aire,
vago perdido por pueblos y ciudades.
Cierro los ojos, intento repetir cada amanecer de mar,
cada puesta de sol en el campo,
las salidas de la luna en la montaña.
No todo el mundo pero un gran pedazo, a mis pies,
que giran en el aire improvisando trayectos.
El azul de la distancia se acerca y se aleja a su antojo,
yo solo controlo mis pensamientos, y no todo el tiempo.
Un abrazo me conecta con la tierra
pero la cabeza goza flotando.
Como pez imberbe arrastrado por el río,
como una cabra a los saltos por el monte,
como un león corriendo a su presa.
Con el peligro constante y latente de la muerte,
como todo en este mundo.
Con la certeza de la vida, y de aferrarme a ella.

SI NO ESCRIBO

Si no escribo la mente me pasa factura
la cabeza está ausente del corazón
las piernas se acalambran
el fuego se hace humo
el dolor se hace piel.
El frío penetra las paredes
penetra lo que sea hasta quedar
quieto y calentito a los pies de mi cama
bajo mi frazada, a resguardo de calores inexistentes.

UN INSTANTE II

Basta que alguien me piense
para ser un recuerdo.
Basta que alguien se mire en un charco
para desparramar su esencia en forma de lluvia.
Basta que alguien sonría
para saber que valió la pena.
Basta que alguien cierre un libro
para que termine la aventura.
Basta que algún desalmado queme un libro
para que todo se vuelva oscuro.
Basta que alguien baile
para que suene la música.
Basta escuchar música para cocinar más rico.
Basta que alguien coloque un alambrado
para civilizar la libertad.
Basta que un animal salte ese alambre
para definirse entre vida y muerte.
Basta que se derrita el barro
para borrar una huella.
Basta que pongas la pava
para saberme convidado.
Basta que el mate suene
para saber que hay que soltarlo.
Basta una mirada
para imaginarse todo el cuento.
Basta que alguien me piense

para ser un recuerdo.
Basta que alguien me llore
para saber que amé.

Tiempos de quietud,

la bitácora ya no viaja.

Acá me quedo, en el cordón de la vereda;

ya verán las raíces cómo hacen para penetrar el cemento.

Con la cosecha en la espalda,

toca sembrar nuevamente.

Miro alrededor, no hay un solo árbol, pero

¿quién dice que en el mar no puede haber un bosque?

-Segunda parte-

UN MAR EN MIS OJOS

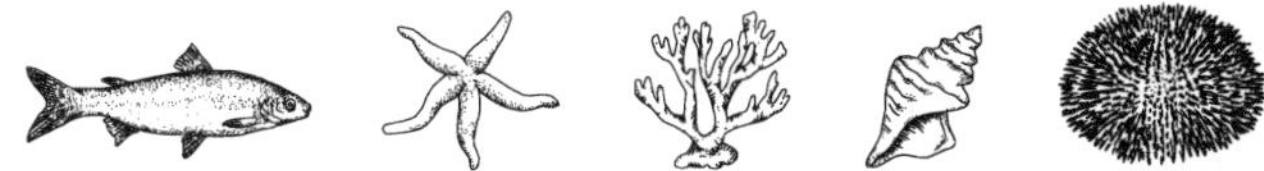

NOSTALGIA DE BOSQUE

Para llegar atravesé un desierto.
Vi cómo te desarmabas de a poco
transformando lo verde en seco,
deshaciendo tu madera en polvo.

Dejaste que el aire puro se entorpeciera.
Volviste gris lo que tenía vida,
me empujaste al cemento
con las manos atadas.

Y cambió la canción de las mañanas.
Cambió el contorno de lo que no es cielo
cuando miro para arriba.

Cambió el olor de la lluvia.

Cambié tus vientos por bocinas
y por caras fruncidas.
Cambié tu mirada por esquinas cortadas.

Hasta el mate sabe diferente.

Desde acá puedo escuchar tus hojas
sacudiendo el silencio, llamándome.
Puedo ver el manto blanco que cae incesante
queriendo abrigarme.

Hasta mandaste duendes a buscarme
que desataron mis cordones,
para que tropiece con la realidad.
Hiciste de todo, pero me quedo.

Desde acá, desde donde sea,
puedo calentar mi cuerpo con tus rocas.
Puedo oler tu tierra cuando cierro los ojos,
puedo encontrarte en alguna poesía.

Esperá,
no me gires la cabeza.
No dejes que sequen tus troncos,
no espantes tus aves a otra migración.
Que el tiempo traiga sus ciclos,
yo, cuando pueda, iré a verte.

VERDE JUVENTUD

¿Cuál es tu lugar en el mundo?
Ese en el que decís
me quedo a vivir acá.

Con pies descalzos,
la manta naranja-flufi cubriendo tus piernas
mirando olas tímidas:
—El mío es acá —sentenciaste.
Nadie te hará mejor compañía,
quizás un perro,
pero el mar no descansa.

Mis ojos permanecieron
pero la cabeza se fue a la montaña
a nadar en el lago.

—Allá podés tragar agua —dejé escapar.

¿Pero cuál es más frío?
Me devolviste levantando la pera.
Confirmando que nuestra primera gran disputa
estaba en marcha.

Como si estuviésemos decidiendo en ese momento
dónde vivir para siempre.

Ni las largas caminatas orilleras
ni la calma de los lagos del sur
ni las rabas con limón
ni los chocolates del bosque.

Mi conciencia empezó a alejarse
pero del corazón un pedazo
adentro tuyo se quedó.

Se quedó en esa arena
mirando ese atardecer
con piel de verde juventud
y ternura elefante,

¿para siempre?

UN MAR EN MÍ

No puedo vivir dándole la espalda al mar
por ver la montaña
bailando atrás.

No debo ignorarlo más
con todo el esfuerzo que hace.
Si hasta en invierno sabe abrigarme.

Con esa necesidad de arrancarme
la jornada de encima
hoy pensé:

o me embriago
o me meto al mar.

Es invierno y hay viento.

Por suerte elegí la segunda

y salí borracho de sal.

En nuestras manifestaciones

no siempre predomina el amor

y eso, a veces,

entorpece nuestro sonreír.

MI CASA

Mi casa es donde habito.
Ayer, era un auto
un tren pasajero
una montaña
un rincón diferente cada ciclo.

Mi casa es donde piso.
Ayer, un desierto
un manto de hojas de otoño
un alambre caído
un silencio atragantado.

Mi casa *sono io.*
Un árbol
un mar
una luna.

Media sonrisa me basta
para imaginarme el resto.

Mi casa ahora es esta
y de acá no me muevo.

RE-ENCONTRARNOS

Volver a ser hogar,
refugio de palabras.
Sentarnos al sol,
encontrar ese abrazo.

Sonreír,
porque mirar-nos
lo vuelve
inevitable.

Dejar que un mate,
un viento,
nos despabilen.

Sabernos crecer,
percibirnos mutar

y
por las noches
ser buitres
rapiñando
el descarte.

¿Notaste que cada hora tiene su color?

Como las partes de un árbol,

como esos limones colgando que iluminan el patio.

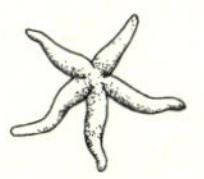

UNA PAUSA

De todas las veces que te pienso
¿coincidiremos en alguna?

La claridad del camino quiso convencerme
de que por migrado estoy muerto.
Que los helechos de esa calle
ya no me recuerdan,
que los robles no me necesitan,
que las amancays y las mutisias
no cuentan conmigo.

Pero lo rotundo no tiene matices
y estar lejos, simplemente,
le cambia el color a las cosas.
Las vuelve más azules.

Como el agua salada que se aleja,
cada vez más azul,
volverá blanca a la orilla, apenas a mojarte los pies
o a recordarte con un estruendo
que cuando no está
tan solo es una pausa.

AMOR A DISTANCIA

Estando lejos es difícil decir presente.
Requiere mucho de poner la cabeza
donde los pies no pisan.
Eso genera confusiones al corazón
que le obligan a partirse en dos.
Mientras tanto ellos siguen creciendo,
no se van a detener por esperar a un tío alejado.

Tiempo de limpiar el patio trasero.

El aire se deshace blanco

en la roja baldosa desteñida.

UNA LUCHA IMPERDIBLE

Deambular por el mundo,
dentro de alguno de sus rincones
en una pequeña parcela.

De la zona de confort se sale como se pueda.
El desafío autoimpuesto, para otro, es absurdo.
Y la propia autoayuda nos ayuda
a levantar los hombros y seguir,
a ver algún meme en Instagram
que nos haga sentir identificadxs
para saber que hay gente en la misma,
o en una parecida.

Consuelos que vamos necesitando abrazar
en esta vertiginosa aventura del vivir,
sin rumbo
claro,
el rumbo está pero lo vamos improvisando
sugiriéndole cambios al destino
que se empecina en querer figurar con firme presencia,
aunque no lo necesitamos.

Porque todo, en definitiva,
depende de la toma de decisiones que elijamos tomar.
Podemos echarle la culpa a quien más,
pero no.
Las decisiones por sí o por no son nuestras.

Y esto sigue queriendo ser un poema de autoayuda
pero me niego a dejarlo ser.

¿La decisión final será mía?

Me siento en la silla y mis manos ya se descontrolan.
Busco el teclado pero ellas suben solas,
o eso elijo creer.

La vida vertiginosa de perseguir la calma se acabó.
Se acabaron las caminatas en soledad por bosque.
Se acabaron las ovejas campaneando debajo de
mi ventana. Se acabó eso de ver la naturaleza
bailando sola. Se acabaron los vermuts en
esa esquina de piedras gris montaña. Las caras
de pueblo envejecido. Las miradas fruncidas por
el olor de no pertenecer que desprendimos en cada
calle que habitamos por capricho del destino. Ah, no,
cierto que el capricho es nuestro, y el destino también.

Las manos ya pasaron la barrera,
suben a discreción.
Se meten en mi boca,
mis uñas empiezan a desaparecer.
La ciudad se llevó la calma.
El trabajo significa
entretiene
y tiene que sostener la proyección personal,

el disparo de cañón que te lance
al trampolín
que te salte a la pileta
que te sumerja
en las profundidades de la curiosidad.
Porque curiosear nos mantiene en movimiento.

Se acabaron también
las sonrisas amables
de rostros cansados
felices de oír un canto
diferente en sus propias calles.
Con la esperanza
de la renovación juvenil.

¿Cómo puede influir tanto una presencia
en la especulación de un pueblo entero?

Las uñas van y vienen, a discreción.
El silencio late en mi pulgar derecho,
ese tiene que ser el límite
para retomar mi control sobre ellas.
Tampoco puede ser este
un poema de autodestrucción.

Escribir
las mantiene lejos de mi boca
pero si pienso tres segundos cómo seguir

se juntan en el medio
empiezan a atacarse mutuamente
a arrancarse pedazos de cutícula
hasta que aparezca el punto rojo,
y ahí
todo
se frena.

Para saber
si solo fue eso
o si se forma la gota
que le ponga mayor drama
a la situación
y dé lugar a nuevas gotas.

Ahora las manos descansan a cada lado del cuerpo separadas por
mi presencia que no sabe arbitrar, como ellas quedarse quietas.
Entra en escena el contorsionismo de la infancia, ese que me
ayudaba a meter las uñas del pie en la boca. Pero mucho
más envejecido, desgastado. Las manos dejaron de
pelearse entre sí, para atacar unidas a un pie, y
después al otro. Dedo a dedo repasan relieves
posibles, puntas formadas por alguna pelea
anterior y comienzan a rascar, arrancar,
rasgar, mascar. Yo solo observo inmóvil,
suplicándoles adentro mío «por favor paren
que no quiero hacerme daño». Partir otra uña
a la mitad, no quiero. Porque después ni medias
ni zapatos me puedo poner, y si camino en ojotas
me duele la espalda. Me concentro en lograr destreza
en el corte, inevitable. Que no exceda ni un milímetro.
Si no puedo parar, al menos debo negociar menos dolor.
Cuando el cuadro es suficientemente feo, freno. De golpe.

Será que están cansadas.
Ya no quieren subir.
Algún manotazo de ahogado aislado que sofoco rápidamente.

Siento el viento penetrando en los agujeros,
la arena intenta protegerme,
pero el agua de mar me grita ¡jodete!
mientras me hormiguea de los pies hasta el cuello.

Mañana compro una lima y empiezo un poema de
reconstrucción,
una vez más.

SENTADO SOBRE LA ARENA

Tengo las piernas enterradas en la nieve,
Siento cómo el frío
penetra de a poco en los pantalones,
las medias.
La ropa térmica ya está mojada,
cada vez más fría.
Los zapatos se cansaron de resistir,
imagino los dedos azules
porque ya no los siento parte de mí.

La noche despejada
aunque se muestra muy bonita en lo que me rodea,
apura la helada
que empieza a endurecer
lo que abraza mis piernas.
La nieve ya no es tal,
ahora es hielo.
Si alguien pasara una espátula,
la línea de corte serían mis rodillas.

No me sale gritar.
Si tuviera un cuaderno no podría escribir.
Aunque quisiera decir muchas cosas
no sabría ni por dónde empezar.
¿Cómo llegué hasta acá?
Sin un oído que me escuche,
ojos que me miren,

un cuerpo que me deje estar cerca,
para saber que no estoy solo.

Otra vez la soledad invadiendo mi cuerpo.
Otra vez generando una imagen que no soy,
creando un recuerdo tirado,
refugiado del sol.

Otra vez la noche sin luna, pero sin estrellas.
Otra vez la ciudad llenando de luz lo imposible.
Otra vez el alma se pone a tocar el piano
para llamar la atención del cuerpo.

Ni el lobo, ni las ratas,
ni las nubes se quieren arrimar.
Estarán más cerca de algún refugio,
al calor de alguna brasa,
como la que no me sale recordar,
pero sé que alguna vez existió.

El hielo es todo
y determinará si esta noche muero
o si llego a ver el sol,
que será el siguiente relator en esta historia.

Aunque el resto del cuerpo me esté odiando
yo solo me metí acá,
pero solo no puedo salir,

eso está claro.
Seguir pensando es buena señal.
¿Y si pruebo con pedir ayuda despacito?

Quizás el susurro
de la vibración de los labios
empiece un viento
que siga su camino
hasta el oído necesario.

Pero ¿quién andará
a estas horas
por este valle
por mi creado?

¿Quién será el abrazo
que me rescate
de ser ahogado?

El tiempo es tiempo y es rey,
esperemos no sea tirano.

Lluvia y viento

volaron un paraguas.

Quiero ir a casa.

RESISTIR

Tristeza es una sábana colgando de la soga
sin viento para bailar,
angustia una sombra que no sabe a quién perseguir,
alegría una lágrima bajando en tobogán.

Pisar donde esté mi cabeza,
pensar donde ponga mis pies,
disociar la distancia,
acercarme a mí.

Una vez ahí podré mirar hacia afuera y entender:

La resistencia
es un manojo de raíces
sosteniendo caprichos del bosque,
la capa superior de arena luchando contra el viento.

TE ARREBATAMOS UN ESPEJO

Vieja esquina del barrio nuevo
perdiste lo lindo
te queda lo pintoresco.

La gente deja en vos pedazos de recuerdos,
abandona lo inútil,
lo traspasa a algún reciclador de sueños
que levanta un nuevo proyecto.

Vieja esquina del barrio nuevo
blanca naciste, amarilla te criaron
hoy sos relieve descascarado.

Finalmente
te arrebatamos un espejo,
vieja esquina del barrio nuevo.
Quedan los rostros que en él se miraron,
queda el ruido del mar rompiendo cercano.

Sin duda no estarás nunca sola,
vieja esquina del barrio nuevo,
rutinarias caminatas, domingos de paseo,
serán testigos de tu arte eterno.

¿Me querés mimar?

¿Cómo?

¿Que si quiero tu mar?

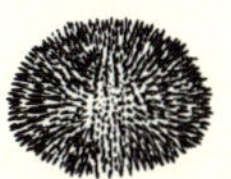

TORMENTA DE MAR

Como un científico que descubre la fórmula,
creí haber hecho magia
al capturar un rayo dentro de la cámara de fotos.

Esa noche repetí la fórmula.
Encerré más de veinte rayos
uno tras otro y atrás de cada uno
temblé con los estruendos
que sacudieron el mar.

La tormenta puede hacerte pensar
que está enojada,
yo creo que solo pierde la calma,
como cuando los pensamientos se enredan
en el sinsentido.
Como cuando el cuerpo no sabe digerir
y se desvela.

UN BOSQUE ADENTRO MÍO, UN MAR EN MIS OJOS

Finalmente me fui del bosque,
nunca para siempre,
y por supuesto para volver.

El que no se fue ni puede hacerlo
es el bosque de adentro mío,
tanta raíz desplegada
no es sencilla de cortar.

Mi piel es de bosque porque ahí se forjó,
ahí supo volver cada vez que precisó.
Mi voz ya no quiere hablar de eso
porque algo más sucedió.

Mi voz sabe que los pies no pisan bosque
sino arena y agua de sal.
Ahora entonces seguiré
con un bosque adentro mío pero en mis ojos un mar.

Más allá de lo que pise,
más allá de lo que haya para ver,
hay algo que tengo seguro
de lo que no me quiero desprender.

Un lugar que me hace sentir fuerte
y cómodo a la vez,
Estoy hablando de la ternura,
una simpleza difícil de entender.

¿Sabes qué es lo peor?

Con vos aprendí

que el amor para toda la vida

existe.

FIN

Índice

-Segunda parte-

UN MAR EN MIS OJOS

Este libro se terminó de editar en Granada
en septiembre de 2025 por

Aliarediciones

www.aliarediciones.es
info@aliarediciones.es